El verdor del limonero

Emilio Gavira

El verdor del limonero

·EDICIONES·PANGEA·

Primera edición: diciembre de 2024

Del texto: © Emilio Gavira
emilio.gavira@gmail.com

Del prólogo: © Rocío Fernández Berrocal
De la ilustración de cubierta: © Sergio Velasco Caballero
De la fotografía del autor: © Javier Gutiérrez

De esta edición: © Ediciones Pangea, 2024
41720 Los Palacios y Villafranca, Sevilla
www.edicionespangea.com

Edición al cuidado de José Peña Fierro
ISBN: 978-84-129445-5-6
Depósito Legal: SE 2889-2024

Impresión: Ulzama Digital
Impreso en España / *Printed in Spain*

A mis nietas, Paula y Julia,
aún en el verdor de su edad de oro.

¡Jardín cerrado, en donde un pájaro cantaba,
por el verdor teñido de melodiosos oros...!

Amigo, es mi jardín con flores lo que lloro.

JUAN RAMÓN JIMÉNEZ

Mi infancia son recuerdos de un patio de Sevilla,
y un huerto claro donde madura el limonero.

ANTONIO MACHADO

...aunque nada me pueda devolver esas horas
de esplendor en la hierba, de gloria entre las flores...

W. WORDSWORTH

¡Con lo sencillo que es abrir los ojos
y ver la realidad que nos rodea!

ESTEBAN TORRE

PRÓLOGO

Hay destinos humanos ligados con un lugar
o con un paisaje. Allí en aquel jardín (…)
soñaste un día la vida como embeleso inagotable
(…), gozar sin remordimientos.

Más tarde (…) deseaste volver a aquel
jardín y sentarte de nuevo al borde de la fuente,
para soñar otra vez la juventud pasada.

"Jardín antiguo", *Ocnos*, Cernuda.

En el epistolario de Petrarca leemos frases memorables como esta: "Las letras, si caen en un alma buena, avivan su amor a la virtud, y suprimen y aminoran el temor a la muerte". Petrarca pensaba que éramos ricos con los libros y no se equivocaba. Emilio Gavira ha vivido una vida abundante y excelsa entre libros. Exquisito y sensible cultiva las rosas de la vida en su jardín, arcadia, edén particular, desde muy joven. Esta juventud late siempre en sus versos, esa vivencia de felicidad y eternidad que mana de ese rincón especial para él, su patio, donde siente y vive con mayor intensidad. Y recobra ese tiempo mágico y mítico en la palabra y revive su ser más hondo y entregado en el verso. Píndaro decía que làs ciudades desaparecerían, pero no su poesía, que perviviría para siempre, y con ello los lugares poetizados; ahí tenemos el Moguer de JRJ o Los Palacios de Romero Murube, la Ítaca de Ulises o el Dublín de Joyce.

El título tan singular del libro lo encontramos en un verso del poema "Instante", foto fugaz, cuadro cromático, del primer poemario de Emilio Gavira, *Ahora que el tiempo nos alcanza*:

> *Rozaban sus alas pardas*
> *el verdor del limonero*
> *agitando levemente*
> *la esmeralda de sus hojas*
> *en el silencio del patio.*
>
> *En fuga el sol tras los muros.*

Estos muros y este limonero de infancia de ecos machadianos, junto con mariposas, grillos y cigarras, han constituido la vida del poeta y han sido testigos de sus gozos y de sus sueños. Toda su

infancia se difumina como un cuadro con ese ver-
dor del limonero. Se abre el libro con estos versos:

> *Afanosamente*
> *buscabas el cielo azul*
> *y el oro dormido*
> *de una infancia perdida*
> *y en el tiempo diluida,*
> *entre aquellos muros altos*
> *y el verdor del limonero.*

Esta obra representa a Emilio Gavira en toda
su dimensión, en su vocación lírica y pictórica,
en sus admirados maestros a los que homenajea,
en su sensibilidad, en el mundo de sus afectos y
recuerdos. Es un libro impregnado del olor del
limonero y de otros perfumes de las más variadas
flores. El escritor es de la estirpe de los poetas
jardineros como Joaquín Romero Murube:

> *Por la calle honda*
> *un hombre, en silencio,*
> *va oliendo la rosa.*

Encontramos en estos poemas al Emilio elegía-
co, refugiado en su patio, jardín cerrado abierto
a la vida, centro del mundo que rememora: "En
el patio, la vida"; "Era mi patio refugio". Recorda-

mos el "beatus ille", "dichoso aquel que huye del mundanal ruido...", de fray Luis de León. Ya no perderá el poeta su edén porque lo ha fijado en un cuadro eterno. El tiempo se detiene en el espacio poético. En *Platero y yo*, al igual que en *El verdor del limonero*, asistimos, empleando una expresión del tercer fragmento de *Espacio*, a la "congregación del tiempo en el espacio", de un tiempo personal en un espacio local que va a hacerse universal de la mano del poeta; también es un tiempo "recobrado" (Proust) en el espacio atemporal de la escritura.

De este libro de versos que nos presenta Emilio se podría decir eso de que es un libro de madurez, pero, más bien, es un libro que vuelve al escritor joven, a sus rincones y a sus lecturas de hace años en su particular "apartamiento" vital, palabra juanramoniana, en su particular "carmen" (en latín jardín y en árabe poema; la poesía, su jardín: el jardín hecho poema). Es un libro joven, fresco, que, en un presente atemporal que acerca e invita, trae el aroma y sabor del pasado, del pasado en un patio, centro del mundo para él donde fue feliz y en cuyos rincones resuenan ecos cernudianos (Albanio en su *Ocnos*), juanramonianos (el pozo blanco; el pueblo, Moguer, "la luz con el tiempo dentro") y machadianos ("mi infancia son recuerdos de un patio de Sevilla, / y un huerto claro donde madura el limonero").

Donde maduró el limonero, en su verdor pleno, allí se fraguó la felicidad del poeta. El jardín es el pozo de la niñez de Romero Murube, abrazo con el pasado, sello de la infancia donde se gesta el espíritu hondo del escritor, hondo y de eco hondo como el pozo. El poeta deja el alma en su pozo, en su jardín, como la dejará en el libro después, cadena inquebrantable de unidad de afectos.

Los sentidos se abren en plenitud en la primera parte del poemario, tal es la llamada a oler las flores, a ver los colores, a sentir el pulso del tiempo y de la vida a través de las sensaciones del autor que se despliegan con gran sensibilidad en un destejer el tiempo rehaciéndose él por dentro en un caleidoscopio lírico de múltiples términos de sonoridad singular: ipomeas, estridulado, albayalde, rosigrís, murmurio, rosicler, murada, alcatara, bermejear.

Al final de la primera parte del libro asoma el tiempo, cruel, como amenaza fatídica. Es "el tiempo que todo lo muda y vence", escribe Emilio, "el tiempo (que) todo lo devora", pero no los "frunces" de la memoria del poeta que siguen intactos "entre las ruinas de *su* inteligencia".

> *El poeta es un árbol*
> *con frutos de tristeza*
> *y con hojas marchitas*
> *de llorar lo que ama.*

La segunda parte de la obra, "Alusiones", posee esa idea de poeta-árbol de una gran familia que aquí se recuerda: Emilia Pardo Bazán, Rosalía de Castro, Gabriel Miró, Cervantes, Juan Ramón Jiménez.

Mencionábamos la Ítaca de Ulises. Las emociones, los olores y los rincones que el autor rememoraba en la primera parte del libro conviven con las alusiones anteriores y con relatos míticos griegos en verso en la tercera parte, titulada "Míticas". Igual que del pozo salían para Joaquín Romero Murube ecos de sus leyendas, así en esta obra afloran las lecturas de Emilio Gavira, escritores a los que evoca, locos que sueñan también como él y como Rosalía de Castro con la eterna primavera, esa que llevan en su corazón y traspasa en sus versos. En su jardín personal son fundamentales los libros que lo sustentan y que aquí se hacen visibles, raíces para sus alas.

Los haikus finales cierran el hortus conclusus. En estructura circular, conforman un vuelo alado y grácil que no deja indiferente, estructura cuadrada como un patio que concluye en la obra con el sutil vuelo en derredor de la mariposa en esta parte final titulada "Variaciones"; el poeta como "médium / de la naturaleza" para Machado "que explica su grandeza / por medio de palabras".

Y terminamos también con don Antonio, con estos versos siguientes que muestran bien la atmósfera del libro:

> *Entre rosas de sangre*
> *van desfilando tristes y eternas caravanas*
> *que hirieron al poeta*
> *que lloraba en la tarde*
> *rodeado y ceñido por sus propios fantasmas.*

"Ahora que el tiempo nos alcanza", somos, querido Emilio, "el tiempo que nos queda" (Caballero Bonald).

Rocío Fernández Berrocal
Otoño, 2024

PREFACIO

EL ORO DORMIDO

AFANOSAMENTE
buscabas el cielo azul
y el oro dormido
de una infancia perdida
y en el tiempo diluida,
entre aquellos muros altos
y el verdor del limonero.

DEL PATIO

EL PATIO PERDIDO

Aquel patio de muros encalados,
de redondos guijarros empedrado
y verde verja por donde trepaban
azules y blancas las ipomeas.
Aquellos arriates y macetones
donde crecían jazmines, claveles,
azucenas, buganvillas, geranios,
rosales, pitas y damas de noche.
Aquel limonero de generosa
y alta copa que en las tardes de oro
encendía su verdor con los rayos
postreros de un sol en fuga, buscando
ya lejanas marismas y arrozales.
Aquellas imágenes primigenias
que doradas orlaron nuestra vida
se deslíen ahora y difuminan
en las tenues lontananzas humosas
de una infancia que, como un esfumato,
se pierde en los leves velos del tiempo.

JARDÍN CERRADO

Ir de nuevo al jardín cerrado...
LUIS CERNUDA

ERA mi patio un rincón de verdor,
un lugar de gozos y de sueños,
jardín cerrado de paz y armonía,
donde el brillo de las flores lenificaba
cualquier atisbo de tristeza y aluzaba
momentos de tinieblas, de oscuridad.
Bajo sus añosos árboles anidaban
mis temores e incertidumbres,
sombreaba el sol sus trasluces
y la luna su alfombra de plata copiaba.
Por sus pesados muros encalados
trepaba el esplendor aromoso de las rosas,
a la zaga del fucsia enervado
de las buganvillas. Su blancura
de albayalde rivalizaba con la pureza
prístina de jazmines, lirios y azucenas.
Un susurro de luces inundaba el espacio,
solo alterado por el ingrávido aleteo
de las albas mariposas sobre las azules
ipomeas que la verja de lanzas tapizaban.
En los verdes escondites competían
grillos y cigarras con su áureo canto

estridulado. Un dosel de azul purísimo
fulguraba a trechos entre el enramado,
donde ensayaban su aliterado canto
la tórtola rosigrís y el inquieto mirlo.
Era mi patio refugio, ancladero
para mi soledad y lisérgico inocuo
para mi vezada indolencia,
mi heredada tristeza secular.
Al rumor de su ramaje inmarcesible
me apartaba en momentos de zozobra,
a salvo de las miradas, de los nombres,
de mordaces ausencias lacerantes.

Sí, en aquel patio tenía el sol, la nube,
el viento, la lluvia y el azul…, la vida.

LA CASA VACÍA

Brillaba la luna en el cielo
y derramaba su fulgor de plata
en la fronda callada del patio.
Una luz indecisa burlaba las ramas,
dibujando en el empedrado suelo
mudables lamparones argentados.
En la casa vacía perduraba la vida
apagada de un tiempo gastado ya
para siempre, un tiempo fenecido,
abatido. Viejas miradas secretas
velaban tras los cristales empañados
de los desolados cuartos y corredores.

Brillaba en el cielo la luna
y bañaba con su canto de plata
los viejos muros del patio
con su fría albura renovada.
Un clamor de voces dormidas,
arrinconadas en el tiempo,
latía en las foscas sombras.

Si pudiéramos retener al menos
las cenizas de aquella mágica luz
en nuestras manos y en vagas

palabras sin cuerpo mutarlas,
los versos así derramados
sobre el papel nos hablarían del fulgor
argentado de la luna titilando
en aquellas miradas y voces olvidadas
entre los vagos pliegues del tiempo.

COMO UNA SOMBRA

COMO una sombra aleteando en el olvido,
contemplas tu imagen soñadora y ausente
en el aire cernido de una tarde cansada,
entre los brazos de un tiempo perdido.
Como rosas que a sus pétalos renunciaran,
recuerdas aquel sol fugitivo y dorado
que al atardecer reptaba por el tibio blancor
de los altos muros del patio. Ves de nuevo
aquella luz de esplendor que en el ramaje
se diluía y perezosa moría en el crepúsculo.
Y palpita en tus sienes, como un vagaroso
recuerdo, aquel fúlgido claror que fatigado
un beso de nieve y sombra en el muro dejaba.
Vislumbras de nuevo tu imagen neblinosa
en las lontananzas grises de los años idos,
que fugaces pasan como agua entre los dedos
y vuelves a sentir en tus nevadas templas
ese pájaro de tristeza que busca cobijo
entre la oscura fronda del alto limonero
o en la roja espesura de las buganvillas.

Pues ahora todo queda envuelto en un manto
de grisura y pavor, un vértigo, un talud
por el que inexorablemente te deslizas
en el imparable devenir del tiempo ligero.

BUSCABA LA LUZ

Buscaba la luz y solo sombras
hallaba bajo el cielo encendido.
Había cantos de pájaros
y era verde el limonero
y esparcía el jazmín su nevado
aroma en la soledad del patio.
Buscaba la luz y las sombras
de los muertos cegaban mis ojos
con su palor de siglos yelado.
Su vaga presencia trasparecía
en las ramas y en los muros blancos,
trascendía pujante desde los viejos
sedimentos de tiempos pasados,
evocando remotas escenas cotidianas
que en este mismo lugar acontecieron.
Y volvieron las preguntas de siempre:
¿Quién pisó antes estos suelos?
¿Quién este aire respiró y compartió?
¿Quién amó y sufrió y vivió
entre estos muros encalados?
¿Quién oyó antes estas campanas
que ahora siento al caer la tarde?
Por un momento fueron lúcidos mis ojos
y un murmurio de voces apagadas

reptó desde la hondura del tiempo,
trasponiendo el frío suelo del patio.

Tras aquel fugaz y falaz instante,
se apresuraron de nuevo las sombras.

ENTRAR EN EL PATIO

ENTRAS en el patio y la mirada
se te ilumina con la claridad
de sus luces y el azul de su cielo.
Un tibio olor de jazmines derrama
su blancor delicado en tus pupilas
cansadas y evoca al niño que vive
aún en aquel suelo de guijarros
empedrado, bajo la sombra verde
del limonero. Quieres retener
su imagen frágil, que no palidezca
la flor con las estrellas de la noche.
Y terminas, una vez más, cerrando
los ojos anublados entre párpados
temblorosos. Alguien, desde la casa,
dice tu nombre y al volver a abrirlos,
notas su blanco anegado del rojo
que refulge en las altas buganvillas.

LAS CENIZAS DE LO VIVIDO

Vas inexorablemente de la luz al caos.
Te empujan los años y la soledad.
Sientes en tu nuca el viento inapelable
que te impulsa sin remedio al abismo.
Notas el cansancio del otoño
que ya grisea en tus sienes.
Ves que se apaga en el recuerdo
el verdor del limonero,
que van perdiendo las rosas su color
y en los muros desnudos faltan
los jazmines y las buganvillas.
Oyes de nuevo el rumor de los pájaros
que en la tarde buscan la fronda,
y crees volver una vez más a aquel patio
y a sus muros blancos en la solitud
de las sombras. Te parece oír otra vez
aquellos sonidos tan familiares:
el canto del mirlo en el torreón,
la llamada del vendedor ambulante,
los toques de campanas convocando
a la misa vespertina o los acordes
flamencos de una guitarra cercana.
Inexorablemente te alejas de la luz,
transitas del fulgor a la oscuridad,

palpas confuso las cenizas de lo vivido
y apenas te reconoces en el oscuro vórtice
del tiempo que todo lo muda y vence.

NO SUBIDO EN TU CORCEL

All we are is dust in the wind.

Kerry Livgren. *Kansas*

No subido en tu corcel de cartón
en aquel patio jabelgado y claro
donde su canto rizaban los grillos.

No tocando estridentes instrumentos
de hojalata junto a la puerta aquella
a la vista de todo el que pasaba.

No jugando en aquel corral de malvas
con tus flamantes botas y el balón
de badana que te echaran los Reyes.

No acercándote temeroso a aquellas
tinajas donde antaño se guardaba
el orujo de la uva prensada.

No en aquel *soberao* donde pintabas
tus primeros cuadros bajo el ventano
que daba luz al oscuro recinto.

No en aquella cocina convertida
en tu otro estudio, donde dabas rienda
suelta a tus ensayos surrealistas.

No con la mirada absorta, soñando
versos en aquel ángulo del patio,
al frescor del frondoso limonero.

Todo aquello no es hoy sino polvo
en el viento, el nostálgico aroma
de un tiempo perdido que se deslíe
en los turbios frunces de la memoria.

ME CREÍ EL COLOR DE LA ROSA

Se creían los colores
de la rosa...
Pedro Salinas

Yo me creí el color de la rosa,
el blanco del jazmín y la azucena,
el azul del cielo y el verdor limpio
que habita en las ramas del limonero.
Confié en el brillo de las estrellas
y en la albura de plata de la luna.
Quise parar el viento y detener
un instante las nubes en el cénit,
designar un lucero con su nombre
y su imagen colgar de su luz lenta.
Me sedujo el canto de miel del mirlo
en la fronda cercana, presentida
su fosca presencia entre la enramada.

Mas ahora el jazmín y la azucena
han perdido su prístino blancor,
y del limonero el verde fulgor
ya amarillea en el frágil recuerdo,
y hasta la rosa se apaga en grisientos
matices y entre mis dedos se ciernen
de sus pétalos las cenizas leves.

Quizás se tratara de un espejismo,
una ilusión tal broma del azar,
una quimera en el fluir del tiempo.

ABRIL

¡Ah! Las primeras flores ¡qué aroma tienen!

P. VERLAINE

DESPUÉS de las lluvias,
el aire de abril, tan puro,
tan azul, mueve suavemente,
acariciándolas apenas,
las hojas del limonero,
encendiendo su nacarado
verdor de esmaltadas fulgencias.
Vuelve el bullicio de los pájaros
a sus ramas aún mojadas,
en un clamor de gozo y plenitud,
saludando a la primavera
que comienza. A su llamada
acudirán perfumados lirios
y azucenas, pasionarios alhelíes
y violetas, y las primeras rositas
de olor, de espinosos tallos.
Vendrán luego los áureos gladiolos,
las buganvillas, los albos jazmines,
los gayos geranios y las gitanillas,
de tan vivos colores efímeros.
Y seguirán altos y frescos los muros
con su ampo de nieve. Y bullirá

de nuevo la vida en el patio
cerrado, recordando otras vidas,
otros pulsos, que aquí latieron
en otras primaveras ya tan lejanas...
Que el tiempo todo lo devora.
Solo el aire de abril permanece
en su dorada pureza azul.

AGUA DE ABRIL

Perladamente
                    bajaba la leve
lluvia avivando el verdor del limón.

Resbalaba el agua por su ramaje
esmeraldino, derramada en lágrimas
tornasoladas de incolora plata,
de una pureza inusitada y clara.

¡Cómo olía entonces el azahar!

DE ROSAS Y AZUCENAS

De rosas y azucenas
todo el patio de olores se llenaba,
disipando las penas
que mi pecho anegaban.
¿Era la primavera que llegaba?

LA DAMA DE NOCHE

Delirantemente
              aromaba el patio
la dama de noche, en fragante
rivalidad con la pureza inefable
del jazmín, mientras el aire dormido
y cálido se estremecía con el canto
rizado de los grillos, que ocultos
entre la fronda estridulaban.

Un sol de plata era la luna en lo alto.

CARMÍNEO CLAVEL

CARMÍNEO clavel del tallo pende
sobre el muro encalado por la luna,
y al murmullo alígero de los pájaros,
en el púrpura de las buganvillas,
clamorea el aire su aroma leve.

VOLVER ¿A DÓNDE?

No persigas las cosas que se han ido.

Catulo

A veces quisieras volver,
pero ¿a dónde?
Si ya no hay piedras en la cuesta,
ni las malvas verdean en los corrales.
Si ya no hay vientos que te hablen
de otras voces entre las ramas.
Volver ¿a dónde?
Si el eco de aquellas voces ya se pierde
entre las nieblas del tiempo.
Si ahora son otros los ojos
que contemplan el verdor del limonero
y otros los oídos que escuchan
el rebullir de los pájaros en su fronda.
¿A dónde vas a volver?
Si cansado y sin ilusiones, solo negror
crees vislumbrar al final del camino
y no hay faro ni luna que te guíen
y te aparten del abismo.
Volver ¿a dónde?, di.
Si ya no son tus rosas las rosas del patio,
ni a tus ojos purpuran las buganvillas

en los muros blancos.
Si la verja arrancaron manos extrañas
y con ella las azules ipomeas
que cada verano la tupían.
¿A dónde quieres volver?
Si de las huellas de tus sandalias
y del rumor de tus pasos leves
se olvidaron los guijarros del patio.

Mas si, a pesar de todo, al borde
de la vesania y perdido todo atisbo
de cordura, decidieras volver,
¿te reconocerían el aire y la luz,
los altos muros, los jazmines
y las buganvillas, el verdor
de las ramas y el canto del mirlo
que un día fueron tuyos?

ALUSIONES

RECUERDO

ACENDRADAMENTE,
       en la noche estiva,
fulgía en el orbe la luna llena
de rielantes estrellas circundada.

Un murmurio lejano de canciones
casi olvidadas vino a recordarme
su añorada presencia cuando juntos,
en aquel lugar, y con otra luna,
de su argentada hermosura gozábamos
abrazados, fundidos en la música.

Un halo de jazmines trasminaba
su núbil cuerpo tan cercano al mío.

SIN HORIZONTE

A J. M. T.

Fʀáɢɪʟᴍᴇɴᴛᴇ
            sus precarios recuerdos
incurrían, aciagos, en voltarias
traslaciones fallidas, más allá
del tiempo y del espacio; devenían
en virtuales acrobacias mentales,
arriesgados saltos de una memoria
despojada de anclajes y asideros.

La atalaya de su anterior mirada,
tan elocuente, tan escrutadora
y ahora sin rumbo y a la deriva,
había extraviado el horizonte.

PRELUDIO DE PRIMAVERA

Menudamente
            caía la lluvia
de febrero y perlaba de fulgencias
nacaradas los almendros en flor
cuando el sol entre las nubes, de paso,
asomaba.
            Un viento leve y tibio
ponía en el aire un cendal de pétalos
ingrávidos que albeaban el suelo
de rosa y blanco, tal un jubiloso
preludio de primavera nunciada.

ENDIMIÓN

Cuando la luna volcaba
su plata en la noche clara,
todo el fulgor de su cara
de azogue el campo llenaba.
Entonces ella bajaba
para besar al durmiente
pastor con amor ardiente.
Mas al despertar la aurora
el sol que el rosicler dora,
triste volvía y silente.

LUNA DE NOVIEMBRE

ENTRE nubes verdeazules,
en un cielo de cobalto,
brilla la luna en lo alto
entre cendales y tules.
Tenues luces albiazules
titilan en los olivos
con sus destellos furtivos,
en tanto los grillos cantan
y el aire todo quebrantan
de acordes claros y vivos.

VENCEJOS

Vuelan libres los vencejos
en torno a la erguida torre
y apenas la brisa corre
bajo cerúleos reflejos.
Rumores vienen de lejos,
de los vastos arrozales
separados en bancales,
donde florecen los lirios
entre el continuo murmurio
de los verdes carrizales.

LA VUELTA

*A Emilia Pardo Bazán**

R<small>EGOCIJADAMENTE</small>
                          se ufanaba
el señor de Ulloa de disponer
de la ancha tierra que pisaba y sus
botas hollaban. Se alborozaba de
volver a su huronera, a sus montes
y monturas, a su albedrío libre y
libertino y a su vida asilvestrada.
Radiante y jubiloso, brillaban sus
pupilas a la vista del vetusto
caserón que desde el pétreo crucero
ya se divisaba. De allí venía
la estrepitosa ladra de lebreles,
mastines y perdigones, ansiosos
de encontrarse con su amo.
                          Un graznido
de corneja hirió el aire, anublando
su dicha y sus torcidos pensamientos.

---

*Leyendo *Los pazos de Ulloa*.

UN CANTO A GALICIA

A Rosalía de Castro

APASIONADAMENTE,
               con honda ternura
y *palabriñas* mimosas y sentidas,
todo música y dulzura tanta,
ofreció a su *terra galega* sonoros
Cantares en su lengua materna,
armoniosamente bella. Al manso
río, a la vereda estrecha, al viejo
puente que transitaba, dedicaba
sus versos. Y a su paso le hablaban
las plantas, las fuentes, los pájaros...
Y la llamaban *loca* por ello y porque
soñaba con la eterna primavera.
Así, *del Sar cabe la orilla*, sus versos
de amor brotaban, tal fervientes
oraciones a ese jardín privilegiado
que solo la mano de Dios pudo crear.

En la milenaria tristeza de sus ojos
y en su *pobre alma atormentada*
verdecía pujante su amada Galicia.

ENTRE RAMOS

*A Gabriel Miró**

Tumultuariamente,
                entre follajes,
cánticos y un sol jubiloso, caminaba
el *Rabbí* Jesús en la cría de una jumenta,
entre el gentío enardecido de *Betfage*.
A su paso tendíanse mantos y ramos
y se gritaba ¡*Hosanna al Hijo de David!*
Graznaban los ánsares y crocitaban
las cornejas en el viejo olivar, mientras
los ancianos del *Sanhedrín* decidían
la suerte del Cordero. Sin piedad
decretaron su inmolación, al tiempo
que atronaban el aire cencido y claro
de la rosada amanecida, las gloriosas
trompetas áulicas de la Santa Jerusalén.

---

*Leyendo *Figuras de la Pasión del Señor*.

QUIJOTESCAS

I

Suavísimamente su arpa afinada
punteaba la bella Altisidora,
mientras de amor un romance decía
al andante caballero que absorto

escuchaba tras la reja, prendado
por la melosa voz de la agraciada
pulcela que a la duquesa servía.
Mas no tardara el aturdido hidalgo

en destorcer aquellos azorados
pensamientos y tornar al decoro
que guardar debía siempre a su amada

señora, Dulcinea del Toboso.
Como alma en pena quedó su triste
figura en la penumbra de la alcoba.

II

Simplicísimamente se pasmaba
Sancho de los saberes de su amo,
de sus dichos y razones tan cuerdas
como sagaces. No entendía que alguien

con desdén llamara loco al que él
veneraba como norte y lucero
de la andante caballería, fiel
enamorado de la sin igual

Dulcinea del Toboso. Mas pronto
volvería el fidalgo a sus dislates
y desatinos, a sus hilarantes

historias de encantamientos, Merlines
y Montesinos, que a medio camino
andaban entre el juicio y la locura.

III

Archidignísimamente, su ínsula
gobernaba el necio y fiel escudero
con las consejas que su amo le diera
y la autoridad que el ladino duque

le confiriera para holgarse dello.
Y asombraba el devenido regente
por sus dotes de avenidor, sus frases,
sentencias y discreciones, más propias

de un lúcido juez que de un azacán.
Pronto fueron fama las ordenanzas
del alto gobernante Sancho Panza.

Mas raudo también, como en sombra y humo,
despojado fuera de su engañoso
ministerio y vuelto a su escudería.

LA POESÍA

A J. R. J.

Aladamente
        cantaba el poeta
sus versos luminosos, depurados
en la alcatara de su inspiración.

Gustábase el vate de su palabra
sonora, exacta, precisa, pulida,
palpitante, armónica, sugerente.

Mas en su lírico vuelo, una honda
duda le conturbaba:
                ¿ese *pájaro*
del aire que alborozado o triste
aletea con fuerza y acuciante
sobre nuestras desamparadas sienes
es lo que algunos llaman *poesía*?

EL FIN DEL DILUVIO

A eso de la tarde volvió trayendo en su pico
una rama tierna de olivo.

GÉNESIS 8,11

La blanca palomica
al arca con el ramo se a tornado.

SAN JUAN DE LA CRUZ

APENAS percibió el claror del alba la prima
luz rosada del lubricán batió con fragor
inusitado sus fuertes alas levemente
azafranadas por las prístinas luminarias
de la mañana y quebrando el delgado cendal
del silencio se elevó en el ámbito inseguro
de un cárdeno cielo violáceo que no era
aún sino un augurio de dorados azules
y donde seguían escintilando indecisas
las últimas estrellas regresó cuando el sol
roto y con querencias de ocaso teñía de oro
viejo el arca varada sobre el monte Ararat
traía en las aristas de su pico albinegro
una tierna rama de olivo que un venerable
y añoso anciano —dicen que contaba seiscientos
y un años— tomó entre sus manos seniles dando
albricias a Yahvé las aguas habían vuelto

a su cauce y habían emergido las tierras
quedaba ahora la tarea de repoblarlas.

EL ROSTRO DE LA VIRGEN

A la Virgen de los Ángeles

TREMOSAMENTE,
               en un fanal ardiente
de ceras derramadas, esplendía
el semblante pasible de la Virgen.

Una luz fulgente de calideces
doradas confería inusitada
hermosura a sus divinas facciones,
realzando la frescura de rosas
y lirios de sus labios entreabiertos.

Un jubiloso aleteo de ángeles
bullía en la transparencia verdegay
de su acogedora mirada clara.

MÍTICAS

HÉCTOR DE TROYA*

I

LA DESPEDIDA

PALADINAMENTE y con gran pesar,
mas con aladas palabras, hablábale
Héctor a Andrómaca, su mujer,
de níveos brazos, que, vertiendo
lágrimas copiosas, al troyano
suplicaba que por ella y su hijo
renunciara a la guerra, pues allí,
a buen seguro, la muerte encontraría
por designio de los dioses, dejando
viuda y huérfano. Mas no contemplaba
el Priámida, portador de broncínea
armadura, traicionar a sus hermanos
teucros, ni renunciar a la gloria obligada.
Besó y meció en sus manos al hijo
amado y, poniendo sobre su ponderosa
cabeza el tremolante yelmo, ornado
de crines de caballo, volvió al polvo
del combate contra los melenudos
aqueos, valientes de hermosas grebas.

II

LA MUERTE

Con gran arrojo y temeridad tanta
aguardaba el vehemente Héctor, de
broncíneo casco, ante las puertas de
Ilión, la llegada del temible Aquiles.
Violo venir por la llanura el anciano
Príamo, que desde la muralla suplicaba
a su hijo que se refugiara en la ciudad
y evitara una muerte funesta y segura.
Del mismo modo le hablaba Hécabe,
su madre, mostrándole el albo pecho
con que de niño lo había amamantado.
Ni uno ni otra lograron persuadirlo de
que traspusiera el muro por la puerta
del *cabrahígo*.

Mas cuando tuvo cerca
al hercúleo Aquiles, sintió pavor y huyó
espantado. Tres vueltas dio a la ciudad
troyana, seguido de cerca por el Pelida,
como el gavilán persigue a la paloma
en raudo vuelo. Al fin se detuvo Héctor
atendiendo los consejos engañosos de
Atenea, la diosa de ojos de lechuza,
para que hiciera frente a su enemigo.
No tardara el troyano en sentir su cuello

traspasado por la certera lanza del Pelida,
brillante como el Véspero en la noche.
Aún le quedaba voz para rogar piedad
a su matador, mas pronto las tinieblas de la
noche velaron sus ojos y su alma, rauda,
abandonando el cuerpo, bajó a las lóbregas
tinieblas del Hades, de amplias entradas.

III

EL ARRASTRE

Mofábanse del héroe caído los aqueos
y envasaban sin tregua sus espadas en
el cadáver. Horadados que le fueron
los tendones de los pies y traspasados
con correas, uncieron el ajado cuerpo
a un carro y lo arrastraron sin piedad
por el polvo, ante las murallas de Troya,
a la vista de sus desamparados padres y
esposa, impotentes y abatidos de dolor
ante tan macabro espectáculo. De tal
guisa, rebotando la cabeza en el suelo
y regando con su sangre la llanura,
fueron arrastrados los despojos hasta
el campamento aqueo, junto a la orilla
del mar, donde yacían varadas las naves
griegas. Varias vueltas le dieron en torno
al cadáver de Patroclo, a quien Héctor
diera muerte con gran cólera de Aquiles.

Ignominiosamente tendido boca abajo
en la arena, quedó el cuerpo del troyano.

----

*De la *Ilíada*, de Homero.

LA MUERTE DE ORFEO*

Entonces ascendió un árbol. ¡Pura superación!
¡Oh, canta Orfeo! ¡Alto árbol en el oído!
R. M. RILKE

QUEJÁBANSE las recelosas ninfas,
desdeñadas del apenado vate
tracio, que en una lomada cercana
su palabra y su lira acompasaba,
en tan bella y sentida melodía
que hasta las verdes frondas y las fieras
y hasta las piedras sus pasos seguían.
No tardaran las celosas bacantes
en fustigar al infausto rapsoda
con sus tirsos y con piedras y ramas
de los árboles. En vano rogaba
el cantor clemencia de quienes solo
furia y rabia por la boca exhalaban.
Las aves, las rocas, el bosque todo
lloran a Orfeo, viendo sus despojos
esparcidos y vertida su sangre
sobre las piedras del suave collado.
Flotando van su lira y su cabeza
sobre las aguas del undoso río,
presurosas por alcanzar la mar.

A una playa serena y calma arriban
y aun en la arena, de fiera sierpe
son amenazadas. Mas no dudara
el agraciado Febo en espantar
al terrible ofidio y al fiel Orfeo,
en espíritu, bajar a los campos
profundos donde Eurídice moraba.

Nunca más se separó de su amada.

---

*Del mito de *Orfeo y Eurídice*, en las *Metamorfosis* de Ovidio.

ACTEÓN*

Perdido, erraba sus pasos el apuesto
Acteón, adentrándose en la floresta
donde su placentero baño tomaba
la recatada Diana, diosa cazadora,
en alegre y distendida francachela
con sus ninfas. Sorprendida la casta
deidad de los bosques, y avergonzada
porque un hombre la viera desnuda,
quiso castigar al imprevisto mirón
y, arrojándole agua a la cara, pues a
mano no tenía sus flechas y su arco,
lo trasmutó en ciervo. Pronto notó
crecer el infortunado cazador, en su
cabeza, una arbolada cornamenta,
al tiempo que contemplaba con estupor
cómo sus miembros y su cuerpo todo
cubríase de pelo y en hermoso cérvido
se trocaba. Y como tal, con inusitada
agilidad, por el bosque echa a correr,
perdiéndose en la espesura. No tardara
en ser descubierto por sus propios canes,
que raudos lo persiguen y a la postre
alcanzan. Cincuenta y fieros eran

los sabuesos que integraban la atroz
jauría. De nada las quejas y lamentos
de su antiguo dueño sirvieron.

No se demoraran sus verdugos en
despedazar el cuerpo, dejando
sus despojos por allí esparcidos.

Un eco de femeniles risas trasponía
el aire de la intrincada, espesa selva.

---

*De las *Metamorfosis* de Ovidio.

NARCISO*

Burlábase el arrogante Narciso
de quienes lo cortejaban, fueran
hermosas ninfas o bellos efebos.
De todos hacía befa y a todos
despreciaba el displicente joven.
Y decidió la justiciera Némesis
urdir para él un adecuado castigo.
Cansado de la caza sentose el
mozo junto a una fuente de agua
clara como la plata. Inclinose a
beber y su propia imagen observó
reflejada en el cristalino elemento.
Inmoble y arrobado queda de
la hermosura de aquella criatura:
sus ojos, sus mejillas, su cuello,
el carmín de sus labios... Desea
ardientemente aquel cuerpo, lo
besa en el agua, quiere cogerlo,
le habla... Ni la necesidad de
comer ni de descanso lo arrancan
de allí. Casi demente, desea la
muerte. Llora, rasga sus vestiduras,
lacera su desnudo pecho hasta la

extenuación. Al fin deja caer su cabeza
sobre el verdor y la muerte cierra
sus ojos. Lloran náyades y dríadas.
Prepárase la pira para la cremación.
Mas el cuerpo de Narciso ya no está.
En su lugar solo se halla una flor
roja ceñida de unas hojas blancas.

---

*De las *Metamorfosis* de Ovidio.

DAFNE*

A Dafne ya los brazos le crecían.

Garcilaso

Sentíase la virginal Dafne, al amor
esquiva, acosada por el divino Apolo,
que, prendado de su celeste hermosura,
ardía en llamas por ella. Perseguíala
con empeño y precipitados pasos,
carrereando por la umbría nemorosa.
Sintiéndose desfallecer la bella ninfa,
y viendo amenazada su celosa
virginidad, suplica a su padre, el río
Peneo, que le haga perder su figura
encantadora. Al punto los miembros
se le entorpecen y quedan anclados
sus pies en el suelo que pisa; tierna
corteza rodea su cuerpo y los núbiles
brazos crecen en esbeltas y frondosas
ramas de laurel, como un recuerdo de
su anterior belleza. Apolo, sollozando,
abraza y besa el amado árbol y promete
consagrarlo en adelante a su deidad,
como símbolo de victoria. Movidas
por un suave céfiro, asienten, en señal
de conformidad, las ramas más altas,

al tiempo que un aluvión de pájaros
canoros acude presto a posarse en
ellas. Resignado y abatido el hijo
de Júpiter, coge una verde ramita y
rodea con ella sus divinales sienes.

Un hondo lamento, apagado y sordo,
abriose paso hacia el fulgente cielo.

*De las *Metamorfosis* de Ovidio.

ODISEO Y LAS SIRENAS*

Fuertemente atado al mástil de la nave
por sus compañeros, escuchaba Odiseo
el canto dulcísimo de las sirenas en las
islas proximanas. Junto a sus garras,
esparcidos por el suelo, veíanse
numerosos huesos de los humanos que,
incautos, se habían dejado seducir por
sus canciones. Cautivado también el divo
aqueo por la melodía que las hermosas
arpías le dedicaban, pedía a sus nautas
que le desataran del palo para acercarse
a ellas. Mas en vez de hacerlo, con más
lazos le ataron y más rápido hundían los
pesados remos en el espumoso mar. No
tardaran en dejar atrás la infausta isla,
quitarse la cera que taponaba sus oídos
y liberar a Odiseo de sus muchas ligaduras.

Al encuentro iban ya de la pétrea Escila.

---

*De la *Odisea*, de Homero.

FILEMÓN Y BAUCIS*

Bajaron a la tierra Júpiter, como
hombre mortal, y su hijo, Mercurio,
sin alas ni caduceo. Buscaron posada
y nadie los acogía. Mas llegaron a la
humilde morada de Filemón y Baucis,
su mujer, ya ancianos, donde fueron
bien recibidos y agasajados con lo
poco que tenían. Comen y beben los
inmortales huéspedes lo que los pobres
les ofrecen: aceitunas y queso, nueces,
higos, dátiles… Al terminar, revelan
su identidad y anuncian un justo castigo
a la comarca, del que solo Baucis y
Filemón se salvarán. Subir deben con
los divinos a la cima de un monte,
desde donde ven anegarse y en pantano
convertirse el lugar que antes habitaban,
a excepción de su cabaña, ahora mutada
en un templo con columnas, tejado
de oro y suelo marmóreo. Un deseo
conceden los dioses a los ancianos
y éstos pidieron ser sacerdotes de aquel
santuario y que se les permitiera morir

los dos el mismo día. Muchos años
pasaron cuidando el sagrado lugar
hasta que, hallándose un día ante él,
vieron el uno al otro, cómo les brotaban
follajes en sus cuerpos, al tiempo que
sus pies, tal raíces, se hundían en la tierra
de forma que, al punto, en dos hermosos
árboles quedaron trocados para la eternidad.

Dicen que aún perduran sus leñosos torsos
secos ante las ruinas de aquel sacro lugar.

---

*De las *Metamorfosis* de Ovidio.

VARIACIONES

EL VUELO DE LAS CIGÜEÑAS*

–Cadencias–

CADENCIOSAMENTE lentas
planeaban las cigüeñas
en el silencio azul y alto
de la tarde en retirada.

Con levedad cadenciosa
en silente y grave vuelo
cerníanse las cigüeñas
asperjando el cielo claro
con sus oscuras siluetas.

En cadencioso planeo
en el céfiro apacible
de la tarde se mecían
las cigüeñas resbalando
sus alas bajo el azul.

En orbitales cadencias
bajo el aire alto y claro
suspendían las cigüeñas
su vuelo tardo y callado
en la comba añil del cielo.

En un rondó cadencioso
y en pausado vuelo místico
navegaban las cigüeñas
bajo un mar de cielo azul.

En errátiles cadencias
moteando el cielo índigo
divagaban las cigüeñas
en un bostezo sin fin
en la tarde calma y grana.

Absortas y cadenciosas
parecían las cigüeñas
en su voltear callado
bajo un cielo limpio y nítido
de inefables tornasoles.

Como cadentes y apáticas
en cansina y lenta órbita
deambulaban las cigüeñas
en elípticos trayectos
de azuladas vibraciones.

Con cadenciosa tristeza
y en amarrida mudanza
volandera iban sin rumbo
las cigüeñas divagando
por la atalaya celeste.

Tal cadenciosas y extáticas
levitaban las cigüeñas
en el cielo en silente
rolde de altas monótonas
trayectorias circulares.

---

*Intencionadamente se han suprimido
las comas para hacer más ágil e ingrá-
vido el vuelo de las ciconias.

SESGOS DE LA TORRE

A la torre de Santa María la Blanca,
y a Cipriano Galván, que siempre
la lleva en su mirada de pintor.

I

ERGUIDA presencia.
Atalaya sonora.
Horizonte de luz.

II

Airoso tallo rojigualdo,
tal Venus emergiendo
del casar palaciego.

III

Alongado perfil.
Lanza del cielo.
Bermejo arfil.

IV

Icónica referencia,
oriflama almagra y oro
que siempre nos llama y guía.

V

Lírica arquitectura.
Parteluz de los vientos.
Almagrada estructura.

VI

Aguzada hermosura
en el azul palaciego.
Pica fiel de grana y oro.

VII

Afinada punta
de bermejo perfil
que al cielo apunta.

VIII

Candente faro.
Luminosa efigie.
Fanal ardiente y claro.

IX

Lirio encendido
de bermejas vibraciones
en el cielo prendido.

X

Sobre su agudo perfil
se derrama purísimo
todo el azul de abril.

XI

El sol caído de la tarde
bañaba de oro y miel
su bermejeante talle.

XII

El duro sol del mediodía
ablandaba sus perfiles
y sus hechuras derretía.

XIII

De nuevo coronada
de orbe y cruz.
¡Fulgores de oro
en el cielo azul!

*(20 de agosto de 2022, al recuperar
la torre el orbe, la veleta y la cruz)*

XIV

Al sol y al viento,
desafía impasible
el paso del tiempo.

XV

Tantos años mirándola,
que ya en mis ojos se diluye
su erguida estampa.

XVI

Cuando se llena la luna,
de roja se vuelve plata.
¡Qué claro entonces su perfil!

XVII

En el azul del cielo,
su bermeja encarnadura
de sangre y oro.

XVIII

En el agua clara,
su silueta almagra
y oro se bañaba.

XIX

En diciembre, la bruma
deslíe y rosea su figura
y su perfil aniebla y lima.

XX

Bajo un cielo glorioso
de un azul profundísimo,
fluía su perfil armonioso.

PATIO LEJANO

(Haikus)

PATIO lejano,
paraíso perdido,
¡luz de mi infancia!

En el silencio
del jardín clausurado
cantaba el mirlo.

Siempre lo mismo:
entre sus ramas verdes
pasa la vida.

Entre las ramas
dibujaba la luna
su arco de luz.

Luna sin ramas.*
Puro astro celeste.
Desnuda dama.

Bajo el azul,
¡qué blancos los hastiales
tajando el cielo!

En mi tristeza
pone su trazo negro
el negro mirlo.

¡Cómo fulgía
en el oscuro cielo
la silenciosa luna!

En el silencio
del patio oíanse
las viejas voces.

Entre el ramaje
se escondían los pájaros
y los recuerdos.

Llegan los pájaros
al rumor de la fronda
cuando oscurece.

¡Algarabía
de grillos y cigarras
en el estío!

---

*Expresión tomada de Luis Alberto
de Cuenca.

RONDÓ DE LA MARIPOSA

Platero, ¡mira qué bien vuela!
JUAN RAMÓN JIMÉNEZ

Un tremor de aire.
Como un roce intangible.
¡La mariposa!

¡Claridad luminosa,
colorida cristalera
que el sol traspasara!

Mariposa de luz,
con sus alas leves
bajo el cielo azul.

Mariposa ligera,
crisálida volandera,
tal frágil vidriera.

Mariposa alada.
Sincronía de luz.
Transparente tisú.

Del romero al jazmín
va la mariposa clara
en un revuelo sin fin.

Mariposa callada,
en tu vuelo silente,
¿en qué piensas tú?

RONDÓ DEL AZAHAR

¡AZAHAR, azahar!
Nieve de primavera.
Silencioso cantar.

¡Azahar, azahar!
Hoy alba flor.
Mañana fruto serás.

¡Azahar, azahar!
Con tus blancos pétalos
y tu aroma albar.

¡Azahar, azahar!
Luminosa albura.
Más blanca que la sal.

¡Azahar, azahar!
Si caes de tu rama,
¿a dónde irás?

¡Azahar, azahar!
Quédate en tu rama
un ratito más.

Llueve sin parar
y el naranjo llora
lágrimas de azahar.

Sopla el viento
y, al pasar,
del naranjo
cae el azahar.

Sopla el viento,
viene y va,
y llueve *miudiño**
pétalos de azahar.

---

*Suave, despacio.

CUANDO LLUEVE EN EL PATIO

(Haikus)

A F. G. L.

Entre las ramas
busca el verdón refugio.
Llueve en el patio.

Llueve en el patio
y el pájaro se oculta
entre las ramas.

Llueve en el patio,
se moja la enramada
y treme el pájaro.

Llueve en el patio.
Las gotas son estrellas
sobre las hojas.

Llueve en el patio
y no se ve la luna
entre las nubes.

Llueve en el patio.
Sin luna y sin lirios*
todo se adumbra.

Llueve en el patio.
¡Cómo huelen las rosas
y los jazmines!

Llueve en el patio.
En el suelo de mármol,
cristales blancos.

Llueve en el patio.
Como incoloros dardos,
sus finas gotas.

Llueve en el patio
y la canción del agua*
su nombre trae.

Llueve en el patio.
Lluvia mansa y serena.*
¡Sonora luz!

Llueve en el patio.
Chorrea la tristeza*
por los hastiales.

Llueve en el patio.
Su lírica armonía
buscan mis versos.

Llueve en el patio.
¿De dónde vienes, agua,
tan pura y clara?

Llueve en el patio.
¡Si mis manos pudieran
hacerse aljibe!

---

*Expresiones tomadas de Federico
García Lorca.

EPÍLOGO

MARIPOSA TRASPASADA

INGRÁVIDA mariposa alada
que en silencio enciendes el aire
con tu fúgido vuelo de luz,
derramando el oro de tus alas
en la apacible quietud del patio.

Dime:
         ¿acabarás tú también,
como mi infancia, ya tan lejana,
traspasada y yerta para siempre
por las crueles agujas del tiempo?

AGRADECIMIENTOS

A Rocío Fernández Berrocal, por sus hermosas y generosas palabras en el prólogo a este poemario; a Sergio Velasco, por la original ilustración de la portada, y a José Peña Fierro, de Ediciones Pangea, por el cuidado exquisito que ha puesto en esta edición de *El verdor del limonero*.

ÍNDICE

Esta edición de *El verdor del limonero*,
de Emilio Gavira, se terminó de imprimir
en el mes de diciembre de 2024.